Für meinen Mann Berni und
unsere geliebten Töchter und Enkelkinder

Christiane Sobik

Neue Geschichten von Oma Kühnchen

Spirituelles für Kinder

Band 2

Impressum

Bibliografische Information der Deutschen Nationalbibliothek:
Die Deutsche Nationalbibliothek verzeichnet diese Publikation in der
Deutschen Nationalbibliografie; detaillierte bibliografische Daten sind
im Internet über http://dnb.dnb.de abrufbar.

Illustration: Peter Schmidt

Verlag: BoD · Books on Demand GmbH, In de Tarpen 42, 22848 Norderstedt
Druck: Libri Plureos GmbH, Friedensallee 273, 22763 Hamburg

ISBN: 978-3-7557-3492-5

Inhalt

Vorwort

Dies ist nun der 2. Band von Oma Kühnchens Geschichten. Das Beachten und Ernstnehmen der kleinen und großen Sorgen der Kinder, Fragen über das, was ist und sein kann, sowie kleine Denkanstöße und Handlungsvorschläge für die Kinder sind die Themen der Geschichten. Oma Kühnchen spricht in diesem Buch wieder mit Edda über alles das, was Edda beglückt und interessiert, oder sie bewegt und nicht schlafen lässt.

Ich danke all den Schriftstellern, Weisheitslehrern und Mystikern, deren Geschichten und Bücher ich lesen darf und die mich inspirieren, mir daraus Geschichten für kleine Leute auszudenken, die ich weitergeben kann.

Christiane Sobik

Edda will die Wünschefee kennenlernen

„Heute möchte ich dir mal von der Wünschefee erzählen", lacht Oma Kühnchen mich an und ihr Augen blitzen lustig.

„Oh ja, das wäre klasse!", gebe ich zurück. Und nachdem wir uns ein Glas Sprudel und ein paar Kekse geholt haben, legt sie los:

„Also, die Wünschefee lädt dich als Erstes ein, deinen „Fernseher im Kopf" einzuschalten und dir das Programm mit deinen Wünschen vorab mal ganz genau anzusehen. Kennst du denn deine Wünsche überhaupt?", fragt sie mich ganz listig. „Denn ansonsten kannst du das Programm nicht anknipsen und dir den Film gar nicht ansehen".

Was sie wohl denkt, natürlich kenne ich meine Wünsche: einen kleinen Hund, Urlaub mit Mama und Papa an der See und eine 1 in Sport! Aber so einfach geht das bei Oma und ihrer Fee nun leider auch nicht. Ich erzähle dir, wie es nach Omas Plan wohl klappen soll.

Oma beschäftigt sich nämlich andauernd mit ihrem „Wunsch-Programm", hat sie mir dann erzählt. Das macht sie in ihrer Fantasie und mit ihrer Vorstellungskraft. Sie sieht, hört, schmeckt und riecht alles, was sie sich wünscht, so als wäre es jetzt schon Wirklichkeit. Dabei ist sie ganz genau und gründlich und berücksichtigt jede Kleinigkeit. Nimmt man z.B. meinen Wunsch, mit den Eltern an die See zu reisen, dann würde sie es so machen, dass sie in ihrem Kopf das Meer mit seinen großen und kleinen Wellen sieht und es rauschen hört. Sicherlich würde sie auch das Meersalz riechen und die Sonne auf der Haut spüren – alles nur im Kopf aber mit allen ihren Sinnen! Sie würde den Strandsand unter ihren nackten Füßen spüren und das Schreien der Möwen hören. Wahrscheinlich würde sie sich auch ihre Ferienwohnung ausmalen und die Bettwäsche von dem Bett, in dem sie dann schlafen würde. Außerdem würde sie – und das ist noch viel wichtiger als alles andere – die gute Laune spüren und das Glücksgefühl, im Urlaub an der See zu sein.

Ich finde ja, dass das alles ein bisschen übertrieben ist, was man sich da im Kopf und mit seinen Sinnen alles ausmalen muss, aber ich könnte mir vorstellen, dass es auch sehr viel Spaß macht, ein richtiges kleines Spiel.

„Also, nochmal zur Wiederholung:

1. Genau überlegen, was man sich wünscht!
2. Dann in das Gewünschte hineinfühlen und so tun,
    als ob der Wunsch schon erfüllt wäre, und sich
    selbst in Gedanken dabei zusehen, wie es ist, wenn
    der Wunsch bereits erfüllt ist!
3. Bereits jetzt das Glück und die Freude spüren,
    die man haben wird!

Dabei ist das Fühlen das Wichtigste. Ohne das Fühlen funktioniert es nicht!", erklärt sie mir eindringlich.

Oma hat mir versprochen, dass eine solche Fee in jedem Haus zu finden ist. Man muss sie nur wecken und ihr mit allen Sinnen und Gefühlen klar machen, was man sich so sehnlich wünscht. Dann legt sie los.

„Und du wirst sehen, die Wünsche gehen wirklich in Erfüllung, wenn du oft und mit viel Herz an sie denkst." Das sagt meine Oma Kühnchen jedenfalls – und meistens hat sie ja Recht!

Übrigens kannst du das Wünsche-Spiel schön vor dem Einschlafen im Bett machen. Das macht sehr viel Spaß und vielleicht träumst du nachts dann auch davon, das hilft dir und der kleinen Fee.

Wenn Edda nachts nicht schlafen kann

Neuerdings habe ich nachts oft blöde Träume. Sie quälen mich und erschrecken mich beim Schlafen und sie halten mich wach, wenn ich von ihnen aufgewacht bin. Das finde ich fürchterlich. Manchmal gehe ich zu Mama und Papa kuscheln, dann schlafe ich schnell wieder ein. Aber manchmal traue ich mich gar nicht erst aus dem Bett, dann ziehe die Decke hoch und verkrieche mich unter der Bettdecke. Wovor ich eigentlich Angst habe, weiß ich gar nicht so genau. Aber es fühlt sich schrecklich an. Ich hasse das!

Neulich habe ich mit Oma Kühnchen mal darüber gesprochen. Ich habe ihr haarklein erzählt, wie das so abläuft bei mir und meinen Alpträumen. Sie hat mir den Kopf gestreichelt und mich ganz lieb angesehen. Dann hat sie mir erzählt, dass sie schon lange keine bösen Träume mehr hat. Nicht weil sie schon zu alt fürs Träumen wäre, nein, sondern weil sie einen persönlichen Engel hat. „Er ist immer bei mir, sobald ich die Augen schließe. Er bewacht mich, das ist ein wundervolles Gefühl!" Na, da erzählt sie mir wieder einen, die Oma. Kann es denn so viele Engel geben, dass für jeden Menschen ein Engel zuständig ist?

„Aber natürlich, es sind so viele Engel da, wie wir rufen. Sie sind eben Engel, sie können mehrfach oder vielfach sein und an mehreren Orten zur gleichen Zeit und einer ist auch nur für dich da", erklärt sie mir. „Du kannst ihm vertrauen, dich voll und ganz auf ihn oder sie verlassen. Es gibt männliche und weibliche Engel. Du kannst ihnen alles erzählen, was dich bedrückt. Sie haben unendlich viel Zeit und verstehen dich und deine Sorgen. Sie setzten sich an dein Bett und bleiben auch noch bei dir, wenn du wieder eingeschlafen bist. Und das Schönste ist, sie lieben und verstehen dich und wollen immer nur das Beste für dich.

Wenn du sie nachts leise rufst, sind sie auch schon da, quasi im gleichen Moment. Sie werden niemals müde, dir zuzuhören, auch wenn du nur ganz leise oder in Gedanken mit ihnen sprichst. Du glaubst gar nicht, wie schön das ist! So schön, dass du bald wieder einschläfst."

Edda liebt Omas Geschichten

Heute ist mir irgendwie langweilig. Keiner hat Zeit für mich und mir fällt nichts ein, was ich machen könnte. Zum Glück ist Oma fast immer zu Hause und ich gehe sie überraschen.

Als hätte sie geahnt, dass ich komme, hat sie meinen Lieblingskuchen gebacken, Zitronenkuchen mit Zuckerguss. Nachdem ich Lauser ausgiebig gestreichelt habe, gehen wir alle in den Garten und setzen uns mit einem Stückchen Kuchen in der Hand auf die Treppenstufen. Lauser sitzt vor der Treppe und macht Männchen, er will auch was abhaben. Er hat immer Hunger, der kleine Dickus.

„Sag mal Oma, wo kommen deine Geschichten eigentlich her?", frage ich Oma Kühnchen. Sie zwinkert mich an und ich bekomme erst mal wieder eine komische Antwort von ihr: „Sie kommen aus der Stille, aus dem Nichts, denn dort ist schon alles vorhanden. Wenn mein Kopf frei ist, fallen sie mir ein. Man nennt das eine „Intuition". Die Geschichten sind schon da, ich sehe und höre sie mir an und schreibe sie auf. Ich habe sie mir nicht ganz allein ausgedacht. In irgendeiner Form schwirren sie schon umher und warten auf mich", erklärt sie mir lächelnd. „Es ist nämlich so, dass es viele fantasievolle Menschen gibt, die wunderbare Gedanken in die Welt bringen und gebracht haben, aus denen schöpfe ich."

Das kann ich mir nun mal gar nicht vorstellen, ich dachte immer, alles Wissen kommt nur aus Büchern, Vorträgen und solchen Sachen. Oma erklärt es mir so: „Es gibt eine innere Weisheit, auf die können wir Menschen alle zugreifen. Sie ist nicht angelesen, sondern eine Art Einsicht, ein Gedankenvorrat. Natürlich habe ich auch eine Menge wundervoller Bücher gelesen, aber auch die Männer und Frauen, die diese Bücher geschrieben haben, haben sich das nicht unbedingt ausgedacht, sondern eben diese innere Weisheit benutzt. Sie findet dich, du musst dich gar nicht so anstrengen. Du musst sie nur zulassen."

Neulich habe ich das mal ausprobiert. Ich habe so vor mich hingesehen, einfach in die Ferne, ohne wirklich etwas zu sehen. Ich habe einfach nur so geblickt, verschwommen und ohne an was zu denken. Das war sehr entspannend und schön. Und da kam mir eine wunderbare Idee – die ich jetzt nicht verrate. Die habe ich anschließend gleich aufgeschrieben. Ich glaube, das ist es, was Oma Kühnchen meint.

Edda ist soooo glücklich

„Ich bin heute so glücklich, dass ich laut quietschen und lachen könnte", hopse ich wild vor Oma hin und her und reiße die Arme in die Luft. „Ich weiß gar nicht genau warum, aber es ist einfach so. Es ist zum in die Luft springen und mein Mund lächelt von ganz allein."

„Das ist doch wunderbar. Dann halte es fest und strahle es aus wie eine Sonne. Dann haben alle anderen Menschen auch etwas davon!", ruft sie mir zu und fängt auch an zu tanzen. „Falls du es noch nicht weißt: Glücklich sein ist ansteckend! Man muss sich nur trauen, es zu zeigen. Man darf es nicht für sich behalten! Alle anderen wollen es auch haben „das Glück" und man kann es ruhig teilen. Wenn du den Leuten davon was abgibst, wird es bei dir nicht kleiner, es wird sogar eher größer und schöner. Schau mich an!", sagt Oma Kühnchen und strahlt wie ein Honigkuchenpferd, „ich habe mich schon infiziert." Das stimmt wirklich, Oma lacht und fuchtelt mit ihren Armen so gut sie kann. Ihre Augen funkeln vor lauter Freude. Wie schön das ist!

Eddas Freundin weint

„Meine Freundin Sina ist neuerdings immer ganz traurig. Ich glaube, manchmal weint sie sogar“, habe ich Oma Kühnchen bei meinem letzten Besuch erzählt. „Sie sagt mir nicht, was sie hat, aber sie tut mir so leid. Was kann ich nur machen, Oma?“

„Wenn du mit ihr zusammen bist, sagst du immer leise in deinem Kopf: Werde wieder glücklich!“, schlägt Oma mir vor. Sie sagt, das sind Worte aus der sogenannten „Metta Meditation“. Sie ist nicht nur wundervoll, sie wirkt auch wirklich. Oma glaubt, dass wir Menschen alle miteinander verbunden sind – sozusagen durch die Luft hindurch, wie an einem durchsichtigen Faden, durch den man hindurchgehen kann, der uns aber trotzdem verbindet: ein Zauberfaden eben! Genauer erklären will sie mir das erst später, wenn ich größer bin. Aber ich glaube es ihr schon jetzt, denn es ist soo schön, dass ich meiner Freundin ganz leise und ohne Aufsehen ein bisschen helfen und Trost geben kann. Um Erlaubnis fragen brauche ich sie dafür nicht, sagt Oma, denn ich wünsche ihr ja nur Gutes. Und dies heimliche Wünschen mache ich jetzt immer. Wenn wir zusammen sind, denkt es leise in mir: Werde wieder glücklich! Wenn ich zu Hause bin und an sie denke, mache ich es ebenfalls. Die Entfernung zu Sina spielt nämlich keine Rolle. Damit das Universum das nicht mit anderen Kindern durcheinander bekommt, sage ich dann leise im Kopf: Werde wieder glücklich, Sina. Laut Oma ist das auch okay und ich finde, das Universum kann ruhig einen kleinen Wegweiser bekommen, wen ich meine, damit meine guten Wünsche auch wirklich ankommen.

Edda wundert sich über ihre Oma

Oma Kühnchen ist bei uns zu Hause in der Küche und bügelt für Mama und Papa einen großen Wäschekorb voll Blusen und Hemden.

„Sag mal Oma, warum bist du eigentlich immer so gut drauf und kannst immer lachen?", frage ich sie. Ich habe eigentlich noch nie erlebt, dass sie grummelig oder schlecht gelaunt ist. Wie kann das sein?

„Das kommt, weil ich versuche, möglichst immer mit dem Herzen zu denken. Das ist viel, viel schöner als mit dem Kopf." „Wie macht man das denn?", will ich natürlich wissen. Also stellt sie das Bügeleisen ab und setzt sich an den Küchentisch. Ich setzte mich auf Omas Schoß und sie beginnt zu erzählen: „Erinnerst du dich an den Herrn Sabbelmann in deinem Kopf, der dir den lieben langen Tag deine eigenen Gedanken erzählt?" Ich nicke. Den kenn ich schon. „Meinen Herrn Sabbelmann schicke ich ganz oft in den Urlaub, an einen noch schöneren Ort als meinen Kopf, ich schicke ihn in mein Herz", will sie mir weismachen. Dabei guckt sie mich ganz listig an, dann geht die Geschichte weiter.

„Also ich stelle mir Folgendes vor: Oben in seiner Stube in meinem Kopf, wo Herr Sabbelmann wohnt, gibt es eine ganz lange Ausziehleiter, sie reicht herunter bis zu meinem Herzen. Diese Leiter lasse ich ihn oft herunterkrabbeln. Er tut das sehr gerne, denn er weiß, dass in der Herzgegend die Freude und die Liebe wohnen, und dass meine Seele hier zu Hause ist, so wie bei allen Menschen. Darum ist es ein wunderschöner geschützter und liebevoller Ort. Von hier aus sieht alles zauberhaft aus, alles ist warm und heimelig.

Wenn Herr Sabbelmann sich hier niederlässt, erholt er sich ein bisschen. Seine Laune steigt, er fühlt sich wohl und meine Gedanken, die er mir weiterhin erzählt, verändern sich. Sie sind durchzogen von seinen neuen guten Gefühlen. Er sieht hier alles ein wenig anders, besser und liebevoller eben.

Um meinen Herrn Sabbelmann einzustimmen, wenn er gerade im Herzen angekommen ist, verlange ich manchmal von ihm, dass er mir ganz bestimmte Sätze vorerzählt, z.B.: Möge ich glücklich sein. Oder: Das Leben ist wunderbar!", oder etwas anderes Schönes. Dann ist er gleich in bester Laune.

Er fühlt sich dort scheinbar so wohl, dass er immer länger dort bleibt. Die Gedanken, die er mir dann von diesem Platz aus vorsabbelt, sind ganz anders, als wenn er in seiner Stube in meinem Kopf sitzt. Sie sind liebevoller, ohne Misstrauen und ohne Ängste. Und dann geht es auch mir einfach gut. Ich fühle mich wohl und glücklich und bin gut drauf!"

Gestern Abend im Bett habe ich mir das Ganze mal mit meinem Herrn Sabbelmann vorgestellt, so wie Oma es erzählt hat. Das hat gut funktioniert. Als Herr Sabbelmann in mein Herz runtergestiegen war, habe ich nochmal über meinen Streit mit meiner Freundin Sina nachgedacht und schon bald alles ein wenig anders gesehen. Scheinbar hat Herr Sabbelmann mir diese Geschichte von dort aus in einer anderen Weise erzählt? Dann fiel mir die Mathearbeit von morgen ein und ich habe erst einen kleinen Schreck bekommen.

Herr Sabbelmann hat gemeint, ich könne ganz ruhig bleiben. Ich hätte genug geübt und der Mathelehrer habe ja genau gesagt, was drankommen soll. Also die Worte von Herrn Sabbelmann waren voll entspannt, so wie sonst selten. Ich glaube, er war in bester Stimmung!

Edda möchte gern meditieren lernen

Neulich habe ich in einer von Mamas Zeitschriften was über das Meditieren gelesen. Hörte sich toll an, aber wie geht das?

„Sag mal Omilein, wie geht das eigentlich: meditieren?", habe ich beim nächsten Besuch meine Oma Kühnchen gefragt.

„Ich kann dir gern erzählen, wie ich meditiere, denn es gibt ganz viele Möglichkeiten und Methoden. Ich meditiere jeden Tag und ich liebe es, denn Meditieren entspannt und macht glücklich", sagt Oma Kühnchen. Oh ja, da bin ich gespannt und lausche.

„Also" fängt sie an, „beim Meditieren geht es darum, Ruhe und Frieden zu finden. Das geht nur, wenn das Geschnatter der Gedanken in deinem Kopf für eine Weile aufhört. Man beginnt damit, die Gedanken zu beobachten. Ich habe ich dir ja schon mal erzählt, wie man den alten Herrn Sabbelmann im Kopf beobachtet. Du weißt auch, dass er es gar nicht gern hat, beobachtet zu werden und deshalb sabbelt er dann gleich ein bisschen weniger.

Anschließend versucht man, die Gedanken richtig loszuwerden. Das habe ich dir auch schon mal erzählt, als wir über dein Gedankenchaos gesprochen haben. Du kannst das so machen, dass du die Gedanken im Kopf z.B. einfach durchstreichst, anzündest, wegfliegen oder ins Wasser tropfen lässt. Du kannst dir auch vorstellen, sie auf ein Fließband zu legen und wegtragen zu lassen oder den Gedanken ein großes Stoppschild vorzuhalten und zu

sagen: bitte löschen, löschen, löschen. Was auch immer dir ein-
fällt und Spaß macht, probiere es einfach aus.

Bis hier hin kennst du das Vorgehen schon. Jetzt musst du dir nur
noch das Leere, das in deinem Kopf entstanden ist, anschauen.
Einfach reinschauen in das schwarze Loch. Vielleicht ist das Loch
auch weiß oder durchsichtig wie die Luft oder wie die Wolken.
Alles ist möglich. Vielleicht zieht es dich in einen wunderbaren
Himmel oder in die Tiefe eines zauberhaften Meeres.

Es kommt dann irgendwann ein wunderbares Gefühl in dir hoch,
von ganz allein. Ich z.B. fühle mich dann, als könnte ich fliegen,
ich fühle mich ganz leicht. Manchmal zaubert dieser Zustand dir
ein Lächeln auf das Gesicht, manchmal zeigt er dir schöne Bilder.
Jeder erlebt es wohl anders. Auf jeden Fall tut es gut, sogar sehr
gut und danach bin ich wunderbar ausgeruht und frisch und habe
die allerbesten Ideen.

Aber wie das meiste im Leben muss man es ein wenig üben, es
klappt nicht sofort. Du kannst es wunderbar nach der Schule aus-
probieren und dich dabei ein bisschen ausruhen. Oder nachts,
wenn du mal nicht schlafen kannst. Ich setze mich mittags immer
in meinen alten Lesesessel und meditiere dort. Auf einem Joga-
kissen, das viele benutzen, sehe ich nämlich nicht nur zum Piepen
aus, ich komme auch nicht wieder hoch und müsste mich zur Seite
kippen lassen", lacht Oma laut und freut sich wie ein Keks.

Naja, ob ich dass alles so hinbekomme? Da habe ich so meine Be-
denken. Aber wenigstens weiß ich schon mal so ungefähr, wie es
geht und irgendwann probiere ich es bestimmt mal aus.

Edda und ihre Probleme

„Oma, sag mir mal, findest du auch, dass man immer alles gleich und sofort kapieren muss und möglichst alles richtig machen muss? Einige aus meiner Klasse ärgern mich ganz oft und machen sich über mich lustig, weil ich in der Schule ein bisschen langsamer bin als sie. Ich begreife auch alles, was unser Lehrer sagt, nur nicht ganz so schnell. Morgens beim Aufstehen habe ich dann oft schon Angst, dass es wieder passiert, dass sie mich wieder blöde ansehen oder sogar über mich tuscheln und lachen."

Dieses echt anstrengende Problem habe ich gestern Oma Kühnchen erzählt, nachdem meine Mitschüler mich mal wieder am Wickel hatten. Natürlich wurde ich von Oma Kühnchen dann erst einmal ganz fest in den Arm genommen, geknuddelt und abgeküsst. Danach ging es mir schon viel besser. Lauser hat dabei gekläfft und geknurrt. Er kann nicht unterscheiden, ob wir miteinander kämpfen oder uns einfach nur trösten wollen. Sobald wir uns sehr nahekommen, bellt er vorsichtshalber ganz aufgeregt, komisch nicht?

Als er sich wieder beruhigt hatte, hat Oma mir folgenden Rat gegeben: „Edda, meine Süße, du darfst dem Problem mit deinen Mitschülern gar keine Aufmerksamkeit schenken, denn Probleme gibt es eigentlich gar nicht." Das hat sie tatsächlich gesagt! „Ja, du hörst richtig, es gibt sie eigentlich (noch) gar nicht", hat sie mir erneut laut und deutlich erklärt, als sie die Fragezeichen in meinen Augen gesehen hat: „Das sind wieder Mal nur deine Gedanken, die sich dies Spielchen mit dir vorab ausmalen und ausgiebig vorstellen. Die Gedanken sind immer zuerst da, das nennt man auch „Kopfkino". Auf dem Schulweg legen sie schon los und denken sich was Schlimmes aus. Dann kommst du in der Schule an und diese voreiligen Gedankenspiele haben gedacht und gedacht und gedacht und damit sowas wie ein kleines Magnetfeld um dich herum aufgebaut. Nun ziehen sie das an, was du auf dem ganzen Schulweg gedacht hast. Deshalb verhalten sich jetzt alle auch so, wie deine Gedanken es sich ausgedacht haben und es dir vor deinem inneren Auge gezeigt haben: Deine Mitschüler foppen und ärgern dich jetzt wirklich, wenn du für die richtige Lösung ein bisschen länger brauchst als sie.

Und jetzt kommt ein Trick! Wenn du es schaffst, deine Gedanken auf dem Weg zur Schule ins Gegenteil umzudrehen, dann läuft alles ganz anders ab: Diesmal machst du es so, dass du dir vorher schon zu Hause und auf dem Weg zur Schule ganz genau ausmalst, wie alles gut und viel besser ablaufen soll. Haarklein versuchst du dir vor deinem geistigen Auge vorzustellen, dass die anderen Mädchen und Jungen sich immer freuen, dich zu sehen, sobald du in die Schule kommst. Du siehst es vor dir, wie sie dich alle anlächeln und mit dir plaudern wollen. Es ist eine wahre Freude, dein Herz hüpft. Dann malst du dir den Unterricht aus, auch wieder vor deinem inneren Auge. Du meldest dich und wirst von deinem Lehrer gleich drangenommen. Ruhig und gelassen, in einem ganz normalen Tempo, ohne jede Scheu beantwortest du alle Fragen. Du liest die Texte vor, die du vorlesen sollst und rechnest die Aufgaben, die du rechnen sollst. Du machst alles konzentriert, sicher und sofort, ohne Zögern, so wie die anderen Mitschüler es auch machen würden, wenn sie dran wären.

Das ist der ganze Trick, dass du es dir so vorstellst, wie du möchtest, dass es ablaufen soll. Mit diesem Trick ziehst du nach und nach das an, was du dir vorher im Geist ausgemalt hast. Alles das, was du Liebevolles über deine Mitschüler gedacht hast, wird sich einstellen und du wirst dich bald im Unterricht so ruhig und sicher verhalten, wie du es dir vorgestellt hast.

Da gibt es allerdings noch einen zweiten kleinen Trick: Um das mit der „Gedanken-Vorstellerei" prima hinzubekommen, musst du deine Gedanken vorher beobachten. Du stellst dir vor, du bist wieder der kleine Mann oder die kleine Frau im Kopf – wie in der Geschichte über die Gedanken, die frei sind! Du beobachtest deine Gedanken und erkennst, was sie da schon wieder so alles denken. Immer wieder denken sie daran, dass dich die anderen Kinder vielleicht nicht so gern mögen, dass sie glauben, du wärest zu langsam oder du könntest nicht alles so gut und schnell wie sie. Das merkst du jetzt, weil du ja gerade deine Gedanken beobachtest. Und jetzt kommt dieser zweite Trick: Schwuppdiwupp änderst du einfach diese blöden Gedanken. Wie du das machen sollst, denkst du? Du hältst sie an. Sag einfach zu ihnen: Stopp!! Nicht mehr an so was denken, stimmt vielleicht gar nicht! Hier kommt was Neues für euch, liebe Gedanken: Denkt doch jetzt mal, wie super mich alle finden. Wie sie alle mein Freund oder meine Freundin sein wollen. Wie sie sich alle mit mir verabreden und in der Klasse neben mir sitzen wollen!

Genau das Gleiche machst du mit deinen Gedanken über Schnelligkeit beim Rechnen, Vorlesen oder anderen Dingen, die in der Schule zu machen sind. Du beobachtest wieder deine Gedanken, wie sie dir weismachen wollen, dass du zu langsam schreibst, redest, vorliest oder antwortest. Dann sagst du zu ihnen wieder: Stopp liebe Gedanken!! Nicht mehr so was denken, stimmt vielleicht gar nicht! Hier ist noch was Neues für euch. Denkt doch mal, ich bin genauso schnell und gut in der Schule wie die anderen Kinder." Oma ist richtig in Fahrt und redet die ganz Zeit mit Händen und Füßen.

„Du änderst also einfach die Richtung deiner Gedanken und die machen das mit", betont sie jetzt noch mal mit erhobenen Händen. „Das kann ich dir versichern. Deine Gedanken hören auf dich und werden dir folgen. Du bist nämlich der Bestimmer über deine Gedanken. Du darfst ihnen sagen, wo es lang geht. Ab jetzt erzählen dir deine Gedanken: Ich bin klasse, so wie ich bin! Ich bin schnell genug, ich kann gut rechnen und schreiben genau wie meine Mitschüler.

Das ist super und macht ein gutes Gefühl. Das Beobachten ist dabei der Schlüssel, nur so merkst du, was deine Gedanken wieder für einen Blödsinn denken, und kannst es ändern! Und glaube mir: Deine Mitschüler haben kein Problem mit dir", beendet sie ihren kleinen Vortrag, „Du hast ein Problem mit ihnen, weil deine Gedanken so schlecht über sie denken! Es ist dein Problem und nur du kannst es lösen – auch wenn es ja eigentlich keine Probleme gibt."

Das klang jetzt erst mal nach einem langen Weg. Aber ich habe trotzdem angefangen, meine Gedanken zu beobachten. Das ist ziemlich crazy und prickelnd. Nach und nach und ganz langsam hat tatsächlich alles geklappt, wie vorgeschlagen:

1. Gedanken beobachten.
2. Wenn sie nicht gut sind, dann die Gedanken umdrehen.
3. Neue gute Gedanken denken.
4. Die neuen Gedanken beobachten und dann das erleben, was ich jetzt gedacht habe.

Das macht richtig happy, sage ich euch!

Edda lernt die EGO-Familie kennen

Neulich bin ich zu Oma Kühnchen gegangen, weil ich gerade sehr traurig war. Gemütlich an sie angekuschelt, ging es mir schon gleich ein wenig besser. Jetzt konnte ich ihr in aller Ruhe erzählen, was mich so bedrückt: „Weißt du Oma, einige meiner Freunde sind ganz oft blöd zu mir. Wenn ich sie besuchen komme, schicken sie mich einfach weg, weil sie mit jemand anderem verabredet sind und mich nicht dabeihaben wollen. Oder sie sagen richtig gemeine Sachen zu mir, um mich loszuwerden, weil sie was anderes vorhaben und mich nicht mitnehmen wollen."

„Kennst du eigentlich die EGO-Familie?", hat Oma Kühnchen mich dann gefragt.

„Diese EGO-Familie hat immer nur Ich! Ich! Ich! im Kopf und im Herzen! Sie bewacht eifersüchtig alles, was ihnen Spaß macht und was für sie vorteilhaft ist. Diese Familie hat kaum Freunde – wen wundert das! Soll ich dir noch mehr von ihr erzählen", fragt mich die Oma. Na klar, ich wollte alles über diese Familie wissen. Und da hat Oma Kühnchen losgelegt:

„Weißt du, diese EGO-Familie,

– die teilt z.B. nicht gern mit anderen Leuten, also teilt auch niemand mit ihr.

– Sie ist meistens schlecht gelaunt, das steckt alle Leute um sie herum an und zack, sind auf einmal alle schlecht gelaunt.

– Sie lächelt selten, denn um sie herum lächelt ja auch niemand, sagt sie sich.

– Sie ist schrecklich eifersüchtig auf das, was andere Familien haben. Die Anderen spüren das und lassen die EGO-Familie deshalb nicht an ihrem Glück teilhaben.

Man kann die Liste bis ins Unendliche fortführen", meint Oma Kühnchen.

„Das Traurige an alldem ist, dass bald alles um diese EGO-Familie herum genauso ist wie sie selbst ist. Denn die glücklichen und liebevollen Menschen halten sich von ihr fern. Nette Leute wollen mit der EGO-Familie möglichst wenig zu tun haben. Sie sind lieber mit freundlichen, großzügigen, liebenswerten und lustigen Leuten zusammen."

„Das ist ja schrecklich. Wie kann man denen denn helfen?", möchte ich jetzt aber wissen, denn die EGO-Familie tut mir schon irgendwie leid.

„Du musst versuchen, das Spiel mit einem für alles offenen Herzen zu durchbrechen. Sieh einfach für eine gewisse Zeit über das hinweg, was dir nicht gefällt, und sei trotzdem lieb und freundlich zu der EGO-Familie. Und versuche unbedingt, gelassen zu bleiben. Versuche eine Zeit lang ihr unschönes Verhalten so liebevoll wie möglich zu betrachten. Tue so, als würdest du das Unschöne an ihr nicht bemerken. Es kann sehr gut sein, dass sich ihre Probleme dann auflösen. Das wäre doch für alle Beteiligten das Beste, oder?", zwinkert sie mir lächelnd zu.

Na klar, das sehe ich auch so. Ich fände es sehr schön, wenn das auf diese Weise klappen würde. Allerdings müsste ich da schon über meinen eigenen Schatten springen, glaube ich. Aber ich habe es dennoch versucht.

Zum Beispiel bei unserem Nachbarsjungen Malte, als wir neulich zusammen mit unseren ferngesteuerten Autos gespielt haben. Er hat ein ganz neues super tolles Auto und ich möchte natürlich auch mal seins haben. Er gibt es mir aber nicht her! Wie kann ich da nett zu ihm sein? Ich habe gemerkt, ich kann es, und es tut mir gut. Kurzentschlossen habe ich zu ihm gesagt: „Du hast echt ein super Auto. Mit meinem macht das Spielen leider nicht so viel Spaß. Ich gehe dann mal nach Hause", und habe ihn angelächelt und stehen gelassen. Und vor ein paar Tagen hat er mir beim Spielen angeboten, zwischendurch mal die Autos zu tauschen.

Oder bei Elvira von gegenüber, die manchmal zu mir sagt: „Heute kannst du nicht mit mir spielen, heute kommt meine Freundin Marion, die mag dich nicht. Du kannst ein anderes Mal wiederkommen." Puh, da musste ich erst mal schlucken. Und dann habe ich es wieder ausprobiert und gesagt: „Das macht doch nichts. Dann gehe ich eben zu unserer netten Nachbarin, ihren Hund ausführen. Er ist soooo süß und freut sich immer riesig, wenn er mich sieht", dabei habe ich sie angelächelt und mein Herz hat sich gleich wieder beruhigt. Gestern hat sie mich kleinlaut gefragt, ob sie mal mitkommen darf, wenn ich den Hund ausführe. Dabei hat sie mir erzählt, dass sie mit Marion abgemacht hat, dass wir das nächste Mal zu dritt zusammenspielen wollen.

Oder Sibylle, sie wohnt direkt über uns und geht in meine Klasse. Als ich krank war, hat sie mir nicht einmal die Hausaufgaben vorbeigebracht, das war ihr viel zu viel Aufwand. Jetzt war sie mal krank und ich bin hingegangen und habe ihr ihre Klassenarbeit zurückgebracht. Da hat sie geguckt wie ein Auto und sich unheimlich gefreut. Ich war richtig stolz auf mich und habe mich sehr gut gefühlt. Bestimmt bringt Sibylle mir in Zukunft auch die Hausaufgaben, wenn ich mal krank sein sollte.

Überhaupt sind in letzter Zeit immer mehr Kinder um mich herum, mit denen ich richtig befreundet bin, als würde ich sie neuerdings geradezu magisch anziehen. Ob das wohl von meiner guten Laune, meinem Lachen und meiner Hilfsbereitschaft kommt? Ich will jedenfalls so bleiben, denn meine gute Stimmung kommt immer öfter von ganz allein und macht mich richtig glücklich! Wisst ihr, wo euer Glück sitzt? Bei mir sitzt es meistens im Bauch und besteht aus lauter kleinen Schmetterlingen, die da drin herumflattern. Manchmal wird mein Glück aber auch auf meinen Mund gezaubert, dann lächle ich leise vor mich hin, das finde ich auch sehr schön.

Edda und das Fräulein Seelchen

„Oma weißt du, ich bin bei zwei Freundinnen nicht mehr beste Freundin! Das haben sie mir gesagt. Das sollen jetzt andere Mädchen sein. Darüber, wer beste Freundin ist, unterhalten sich alle Mädchen in den Schulpausen. Aber genauso oft unterhalten wir uns alle darüber, wer gerade nicht die beste Freundin ist. Es ist nämlich so, dass beste Freundin sehr viel mehr ist als einfach nur Freundin. Das sagen und wissen die meisten Mädchen. Und du müsstest die Gesichter von einigen dabei sehen, richtig gemein gucken sie dann. Mir tut das richtig doll weh!"

Oma legt ihren Arm um mich und drückt mir einen Kuss auf die Stirn. Dann nehmen wir Lauser an die Leine und gehen ein bisschen im Liebesgrund spazieren. Lauser beschnuppert jeden Baum und kläfft jeden anderen Hund an, der alte Giftzwerg.

Die frische Luft tut gut und für mein Problem mit den Freundinnen weiß Oma glücklicherweise mal wieder eine Geschichte zu erzählen, es ist die Geschichte von Fräulein Seelchen.

„Es gibt da ein Fräulein Seelchen", fängt sie an zu plaudern. „Man kann sagen: Sie ist eine Seele von Mensch! Sie ist sehr liebenswert, immer freundlich und gut drauf, nur ein wenig verschreckt und verträumt. Ihre Augen strahlen und ihr Lächeln ist geradezu ansteckend.

Sie wohnt in deinem Herzen. Hast du das schon mal bemerkt?", fragt sie mich lächelnd. „Nee, habe ich nicht! ", antworte ich ein bisschen kratzbürstig. „Dann gehörst du wohl zu denen, die ihr Fräulein Seelchen verstecken und nicht zeigen wollen", zwinkert mir Oma zu. „Aber das wäre schade, denn sie ist ganz zauberhaft und wunderbar, man muss sie einfach liebhaben. Und das Beste an ihr ist, dass sich um sie herum immer viele nette und liebe Kinder versammeln. Sie zieht die nämlich an, fast als wäre sie ein Magnet. Die Kinder sehen ihr Lächeln, hören ihre freundliche Stimme und möchten gleich mit ihr zusammen sein. Und weil es im Leben so ist, dass Gleiches immer Gleiches anzieht, zieht ein liebevolles Wesen auch nur liebevolle, freundliche und fröhliche Kinder an. Die grummeligen und schlecht gelaunten Kiddies bemerken Fräulein Seelchen gar nicht. Außerdem wird grummelig von freundlich gar nicht angezogen. Genauso wenig wie zickig von fröhlich angezogen wird.

Unser Fräulein Seelchen aber möchte sehr gerne viele Freunde und Freundinnen haben. Sie hat nämlich ein sehr großes Herz, in dem sie alle lieben Menschen wohnen lassen kann. Und daher behandelt sie alle Menschen gleich liebevoll und gibt jedem die Chance, von ihr magisch angezogen zu werden. Du musst sie nur aufwecken und das Spiel beginnt.

Also Edda, lass dein Fräulein Seelchen jetzt mal wach werden. Sei wie sie und lass dich von deinen angeblichen Freundinnen nicht unterkriegen! Zeige ihnen, wie viele in deinem Herzen Platz haben. Vielleicht so viele, wie bei Fräulein Seelchen!", beendet Oma ihren Vortrag.

Ab morgen will ich allen meinen Klassenkameraden mein Fräulein
Seelchen zeigen. Ich werde gut gelaunt und fröhlich und mit einem
freundlichen Gesicht in die Schule gehen. Ich denke, dann habe ich
bald ganz viele und alles nur noch beste Freundinnen.